中学生のための
学校生活のマナー

桐蔭学園中学校・中等教育学校

開隆堂

はじめに

＊きちんと行動するために必要な行儀・作法

「マナー」を知らなかったために生命を失った人がいます。「忠臣蔵」という芝居は、浅野内匠頭（たくみのかみ）が、勅使を接待するマナーを教えないで恥をかかした吉良上野介（きらこうずけのすけ）を怨んで切りつけ、死を賜うところから始まります。

今は、「マナー」を知らないからといって、生命を捨てるほどのことはありません。ただ、恥ずかしい思いをすることに変わりはありません。そんなに難しいことではなくても、マナーを知らないことがもとで、笑われることはあります。

「マナー」というものは、なぜ必要なのでしょうか。知らないとみっともないからでしょうか？　そればかりではないのです。

「マナー」には二つの役割があります。第一は儀式など正式な場所で、キチンと行動するためにはどうしたらいいかという行儀・作法です。これには、長い間の風俗習慣が背景になっています。西洋料理と日本料理の席では、「マナー」が違います。それぞれのやり方を身につけていないと、その場の雰囲気をこわすことになり、おいしい食事も落ちついてとれなくなります。社会人としては心得ていなくてはならないことです。

＊団体生活をするうえで必要な生活態度

ここでとりあげたい「マナー」のもう一つの面は、団体生活をするうえで、中学生自身にも、また、団体のためにも必要な心構えと方法です。それは、団体生活をするうえで一人ひとりがどうしても守り、行わなければいけない生活態度です。同時にそれをしっかり行うと、団体生活全体がうまく行くようになるのです。団体生活を整々と行うための「油」のような役割を果たすのです。

儀式などで守らなくてはならない「マナー」も、もとはと言えば、そうした儀式をうまく行うための方法として考え出されたもので、先人の知恵のかたまりとも言えます。しかし、「きまり」のための「きまり」という面もあり、「何でこんなことをするの？」といった疑問が出ることもあります。これに対して、団体生活をするための基本として心得なくてはならない「マナー」、「団体生活」をまろやかに動かす油としての「マナー」は、自分のためにも団体のためにも欠くことのできない心得なのです。

これを身につけていない人は、団体生活をする資格がないと言ってもよいでしょう。中学生ともなると、「きまり」だからやると言うのでは成長は望めません。なぜ、やらなくてはならないかを十分、承知することが必要です。

多くの中学生の諸君がこのテキストをもとに、団体生活の中で何を行わなくてはならないかを承知して、団体生活の中での生き方を身につけ、団体行動が有意義にできるようになれば幸いです。

桐蔭学園中学校・中等教育学校

目　次

I

授業中のマナー

II

クラブ活動のマナー

III

友だち付き合いのマナー

Ⅳ

団体行動のマナー

V

社会見学のマナー

本文イラスト・伝　陽一郎
ありよしきなこ

1　制服はきちんと着て授業に出よう

目的や場所柄にふさわしい服装をすることは、とても大切です。授業を受けるとき、自宅でくつろいでいるとき、あるいは街へ出かけるときに、服装を変えるのはふだんの生活の中で経験ずみでしょう。

服装を、目的、場所によって正しく着分けることは、目的や場所にふさわしい雰囲気を盛り上げるためにも、必要なマナーと言えます。また、気分転換にも役立ちます。

個人で観劇、コンサート、旅行などに行くとき、学校の制服を着て行ったのでは、なんとなく堅苦しくてリラックスした気分が味わえません。やはり、自分の好みに合ったラフな服装が好ましいのです。

授業を受けるときも同じです。授業を受けるのにふさわしい服装が必要です。それが制服です。

制服は、学校（場所）で、学ぶ（目的）という、学生本来の生活にかなった服装なのです。

制服は遊び着ではなく、先生と生徒が一体となって授業をすすめていくうえで欠くことのできない連帯感を生みます。制服をきちんと着用して授業を受けることで、緊張感も高まり、学ぶという気持ちにもいっそう真剣味が生じてきます。制服着用は、皆といっしょに勉強しようという意気ごみを表しているのです。

教室では制服着用が一番よく似合う

会社へ行くときはスーツです
父は家でくつろぐときはガウンです
授業時間にパジャマじゃ眠くなるよね
友だちと遊ぶときは制服じゃおかしい
やっぱり授業を受けるときは
制服がよく似合う
これが服装のT・P・Oっていうこと

2　授業開始時間には自分の席についていよう

すでに授業が始まっているときに教室へ入ってくるのは、特別の事情があるときを除いてはタブーです。

病気などで遅刻する場合は、その理由を事前に連絡します。寝すごしてしまったとか、宿題を忘れていてグズグズしていたとかは理由になりません。

国語、数学など、それぞれの授業科目の授業時間は、五十分か六十分です。他の生徒が熱心に授業を受けている最中に、「どうもすみません」という調子で教室へ入ってこられると、授業に集中している雰囲気がこわれてしまいます。

遅刻した側も、他の生徒の視線を浴びてわずかな間であってもうしろめたい気持ちを抱くことになるのですから、遅刻はしないようにしましょう。

授業は、先生と生徒が一体となって、授業科目をマスターするために真剣に取り組んでいる場です。

先生と生徒は、授業開始にあたって、気持ちを高めて、授業時間をみのり多いものにしようと考えているはずです。昨日、知らなかったことを、今日、新しく発見する、これが授業時間をとおしての、先生と生徒のあり方です。教室内の“学ぼう”という、とても良い雰囲気をこわすことなく、遅刻者なしで、授業内容の密度を高めていきたいものです。

授業中の入室はバツが悪くて入りづらい

3　授業開始・終了の挨拶をきちんと交わそう

人と人のつながりは挨拶で始まります。

登校時はお早うに始まり、下校時はさようならで終わりますが、このほかにも、そのときどきにきちんと挨拶をしなければならないことがたくさんあります。人に親切にされたら、どうもありがとうと礼をかえす挨拶が大切です。

また、失敗や過ちを犯したときには、すみません、ごめんなさいと、率直に非を認めて詫びることが必要です。

挨拶の交わし方で、人と人との付き合いがうまくいったり、険しい関係になったりします。

授業を受けるときにも、挨拶をきちんとするようにしましょう。先生は生徒に学問を授けるのですから、教わる生徒は、教えていただくという謙虚な気持ちで接するのがマナーなのです。習ってやるんだ、覚えてやるんだなどという態度は、先生に対して無礼です。「この授業をしっかり受けよう」という気持ちがあるなら、この授業を受け持っている担任の先生に対して、「先生、お願いします」と思いをこめて挨拶するのが当たり前なのです。

挨拶は、たんなる時候のものから、感謝の気持ちをこめたものや敬意を表したものなど、目的によって挨拶する言葉遣いは変わりますが、教室の中での授業の始まりと、終わりのときには、きちんと挨拶するようにしましょう。

挨拶は人間関係を和やかにし、明るくする

4　授業に必要な物は十分にチェックが必要

「あっ、いけない」とか、「しまった」などと、授業に必要な教材をうっかり忘れてしまうことがあります。

「彼は忘れ物の常習者」という名指しをされないためにも、忘れ物をしないようにしましょう。

忘れ物をしないためには、まず前の日に、翌日学校で使用するものをよく点検してそろえておくことです。

しかし、それでも忘れ物をしてしまうようなときには、メモをおすすめします。人間の記憶は完全ではありません。うっかりミスをよく起こします。それをふせぐためには、その日に必要な教材や備品をメモしておくと便利です。

忘れ物をふせぐコツは、やはり、前の日に十分に準備をしておくことです。

忘れ物をふせぐにはメモをとる

あ、いけない
教科書
忘れちゃった
教科書
忘れました
山田君
僕、メモをとる
ようになってから
忘れなく
なったよ
ありがとう
君のおかげで
忘れなく
なった

5　和やかな雰囲気の中にも節度が大切

先生にも、いろいろなタイプがあります。

ユーモアや冗談を交じえて生徒の興味や好奇心を巧みに引き出して授業をすすめる先生もいれば、教科書に沿って整然と授業を行う先生もいます。

どちらかと言うと、教科書に従った教えかたをする先生よりも、適当にユーモアや冗談をはさみながら授業をすすめる先生のほうに、親しみを感じることはあるでしょう。

しかし、だからといって教室の中の和やかな雰囲気をこわすような行動は控えねばなりません。

先生のユーモアや冗談は、大切な授業の中身を、生徒によりよく理解してもらうための方法だからです。

それを生徒が取り違えて、先生に名指しされた生徒が答えられなかったり、または間違って答えたときワイワイはやしたてたり、先生の口真似をして茶化したりするのはいけません。

和やかな雰囲気の中で授業するということは、一部の生徒にとっては、苦手な教科の授業であっても、苦手意識をなくして興味がもてる、あるいは、あらためて関心をそそることを願って行われているのですから、くだけて騒げばいいのとはわけが違うのです。

授業になじむよう先生方は工夫している

はははやーい
あれっ間違っちゃった
ボリボリ

間違って答えた人のことをはやしたてたり、ひやかしたりするのはよそう

ハハハハ
ワッ
掘ったイモいじるなって聞いたら、アメリカ人が8時ですよ〜って答えたよ！

先生のユーモアや冗談は授業内容をよく分かってもらおうとする先生の気持ちなんだよ

6　質問は必ず手を挙げて許可を求めよう

先生への質問は、自分勝手に手を挙げればいいというものではないのです。質問する順序があります。

まず、先生が「質問はありませんか」と生徒へうながしたときに手を挙げます。その場合、名指しされた生徒が質問します。質問を許された生徒が質問しているときに、「先生、ハーイ、ハーイ」と手を挙げるのはマナーに反します。

また、先生が質問を求めていないときに突然立ち上がって「先生、質問があります」と言うのも、授業の進行を妨げることになるので注意しましょう。

質問する生徒が多くて授業時間中に順番が回ってこないときは、授業終了後に先生に尋ねてもよいのです。

質問するときは、質問内容をよく整理して先生が分かるように質問するようにしましょう。自分の頭の中ではよく分かっていても、質問するときになって「えーと、えーと」となかなか質問内容が出てこないのは困ります。回りの生徒が、「ハーイ、ハーイ」と元気よく手を挙げるので、ついつられて手を挙げてしまう生徒を見かけますが、正しく質問内容を整理していないときは、むしろ手を挙げないほうがいいのです。

質問は**疑問を質す**のですから、問題点をよく理解して手を挙げるようにしましょう。

質問内容を整理して質問するようにしよう

質問の仕方にも
ルールは
あるんだよ
ここまでで
質問のある
人は？
山田君
ハイッ！
先生に名指しされた生徒が質問します
……
……
と……
ハ〜イ
ハ〜イ
先生
他の生徒が質問しているときに
手を挙げるのはマナー違反だよ
先生、授業中に
質問できなかったので
いいですか
ああ、いいとも
授業中に質問の順番が回って
こないときは授業終了後先生に尋ねてもよい
え〜っと……
え、え〜っと……
質問するときは内容をよく整理してから

7　指名されたときは「はい」と返事をして起立しよう

呼ばれたり質問されたときには、必ず「はい」とはっきり返事をして起立してください。

呼ばれても知らん顔をしていたり返事をしないのは、人に不快な感じを与えるばかりでなく、呼ばれた生徒本人の人格や人間性さえ疑われます。

「なんだあいつ、聞こえているのに返事をしないのか、無礼な奴だ」と誤解されます。先生のほうでも、指名して即座に「はい」という元気な一言が戻ってくると、とても気持ちの良いものです。それが、呼んでもいるのだかいないのだか、「はい」の返事もなく、間延びした声で「なんですかあ」というような返事をされると教室の雰囲気をこわします。

「はい」という一言は、明るくてさわやかな印象を与えます。

「中村くん」

「はい」

たったこれだけの言葉のやりとりで、すがすがしい気分が教室の中にみなぎってきます。

必要な言葉は、出し惜しみしないでどんどん用いたいものです。
ネアカとかネクラとか、性格の明暗を表現する言葉がありますが、それとは関係なく、指名されたときには、元気よく「はい」と答えて起立しましょう。

元気の良い返事をして質問には答えよう

返事ひとつだって大切なんだ！
はい！
元気な「ハイ」は皆気持ちいいね
なんですかあ？
これでは気が抜けてしまうね
どうせ返事するなら、皆の気持ちが引き締まるような返事をしたいね
はいっ

8　提出物の期日をきちんと守ろう

授業に必要な教材や資料などをはじめ、先生方は、いろいろなものを生徒へ配ったり集めたりします。先生の仕事は、教壇に立ってカリキュラムどおりの授業をしているだけでなく、授業に必要なさまざまな資料を準備し、整理しています。授業が始まる前も、終わった後も、先生方はそれらの整備に追われています。また、期日を決めて生徒に出させる資料がたくさんあります。それらが決めた期日に提出されないと、とても困ります。たとえば、生徒のうち一人でも提出期限に遅れると、全体としての評価がまとまらなくなります。

次に行う仕事が遅れることにもなります。

「なあに、一人くらい遅れたってどうってことないよ」と、生徒の皆さんが気安く考えているとしたら、それは間違いです。一人か二人の生徒の提出物が遅れたために、すでに集まっている提出物が、まとまりのつかないまま時間を無駄にすごすことになります。次の予定にも差し支えがでるのです。**提出物は、点検して生徒に返したり、あるいは分類整理して、生徒自身の貴重な資料として残していくものです。**そのために先生方は生徒の知らない苦労を重ねているのです。

提出物は、決められた日限をきちんと守って提出するようにしましょう。

提出物は生徒自身の貴重な資料として残る

先生の仕事は授業だけでなく ①
授業に必要な下調べや ②
皆の提出物の点検、分類、整理など
ほんとうにやることは多いんだよ ③
先生、今日は全員が提出しました
はい、ありがとう
授業の進行を遅らせないためにも
提出物は期日をきちんと守ろう ④

9　前の授業が終わったら後片づけをしておこう

よく、前の授業の板書がそのまま残っていることがあります。係を決めて消しておきましょう。

落ちている紙くずは拾い、不揃いになっている机はきちんと並べる習慣をつけてください。

教室は、勉強する場所ですから、気持ち良く次の授業に入れるように周辺を整頓しておきたいものです。10分休み等に友だちとふざけたり、元気よく飛び跳ねたりして、教室内が乱雑になるのは困ります。次の授業が始まるまでには整えておかねばなりません。

教室はプライベート・ルームではありません。先生と生徒が一体となって勉強するいわば、道場です。室内の整理が行き届き、清潔に保たれていることが望ましいのです。

教室内が散らかっていたり汚れていたのでは気持ち良く授業を行うことはできません。授業には緊張が求められます。教室内のさっぱりしたさわやかな環境が整っていて、はじめて「勉強しよう」という緊張感も意欲も湧いてくるものです。これは、先生も生徒も同じです。おもちゃ箱をひっくりかえしたような乱雑なところでは、授業を受けても実のある成果は期待できないでしょう。

気持ち良く授業を受けるにはまず、環境をきちんと整備することです。教室は、先生と生徒がいっしょにつくっていく大切な「学びの庭」なのです。

次の授業を気持ち良く受けるために片づける

10 集中力を発揮して真剣に授業を受けよう

授業中のおしゃべりは、他の生徒の学習の妨げとなります。また、仲が良いからといって、勝手に机を移動してくっつけるのもよくありません。授業は、たくさんのクラスメートが受けています。一人だけ、あるいは特定のグループだけが特別な行動をとると、他の生徒が迷惑します。

先生の説明や指示が十分にゆきわたらなかったり、徹底を欠くことにもなるからです。

大事な授業を受けているのだ、ということを、生徒一人ひとりが自覚すれば、授業中の雰囲気をこわすことはないはずです。

授業は生徒全員が緊張して、先生の話に精神を集中しないと効果が上がりません。

学ぼうとする気持ちは、授業態度のマナーに表れてきます。先生の一語一語を聞き漏らすまいという姿勢、気構えが必要なのです。それが集中力です。

また、授業を受けているときは、姿勢を正しくすることも大切です。顔は正面を向き、背筋をピンと伸ばします。

おしゃべりをしたり、姿勢をくずしていたり、視線が定まらないようでは、授業を受ける資格に欠けます。勉強するために学校へ来ているのですから、精神を集中して授業を受ける真面目な態度をとらねばなりません。

授業は姿勢を正して真剣に

仲が良いからといって、勝手に机をくっつけるのはやめよう

顔は
正面を向く
背筋を
ピンと伸ばす

11 おしゃべりは授業進行の妨げになる

授業中は先生の一語一句に耳を傾け、私語を交わしたり、勝手なおしゃべりをしてはいけません。皆の迷惑になるだけでなく、自分自身のマイナスにもなります。

学校へ通う目的がどこにあるのか、授業を受けるのはなぜか、ということを考えたとき、授業の進行を乱すような行為は許されません。個人的におしゃべりをしたければ、休み時間を利用すればよいし、プライベートな時間に話し合えばいいのです。

授業中は、真剣に授業を受けることです。

学校へ来て学ぶ、ということは、実は大変貴重な機会なのです。小学校で学んだ以上の新しい知識や、学問の体系を一つひとつマスターしていけるからです。

また、将来、社会で活躍するうえで基礎となる土台をつくってもいるのです。

その大切な機会を、おしゃべりで逃してしまうのは残念です。中学生という伸びざかりに、やわらかい感性や鋭い思考力を閃かせて授業に対応していけば、皆さんの可能性はぐんぐんひらけていくのです。

学校の授業は、そのための手がかりとなるものです。せっかく与えられた機会を無駄にすごすことなく、自分自身のためにも、もっと有効に、有意義に使うようにしたいものです。

おしゃべりは、休み時間にすればよい

授業中のおしゃべりは自分のマイナスになるだけでなく、
友だちの迷惑にもなるのでやめよう

12 授業中の居眠りは先生に対して失礼

小学生のころ、授業中に居眠りをした記憶はありませんか。ほとんどないでしょう。ところが、中学生になって、それも高学年になるにしたがい、居眠りする人が出てくることがあります。

これは、授業をしてくださる先生に対して本当に失礼なことです。また、授業の緊張感をなくし、学習意欲をそぎます。

居眠りをしている当人は、授業に遅れるという自分だけの問題ですむかもしれませんが、真剣に授業を受けている他の生徒にとっては迷惑です。

一時間目はまだ目が覚めていない、五時間目はお腹がいっぱいで、六時間目は一日の疲れが出て、知らず知らずのうちにうとうと……と、などは理由になりません。社会人では許されないことです。

居眠りをする人は、学習に対する姿勢ができていないか、それとも、病気かもしれません。もっとも、ふだん十分に睡眠をとっていれば、授業時間中の居眠りはしなくてもすむはずです。ところが、授業中に居眠りをする人の多くは、休み時間にはパッチリ目覚めて、元気に遊びまわるケースが多いようです。本末転倒です。

家で十分睡眠をとれば、居眠りせずにすむ

授業中の居眠りは
他の生徒に迷惑だよ

ひゃっほ〜！
あいつ、休み時間は
いつもああやって
元気なんだ…
遊びまわる元気があるなら、授業中は居眠りしないよね

13 授業に関係のない物品は持ち込まない

授業が面白くないからとか、やさしすぎるからとか、また、難しすぎてチンプンカンプンなどと勝手なことを言って、授業に全く関係のない本や、マンガ・雑誌類を授業中に平気で広げるのはもっての外です。

また、授業に関係のない教科を、勉強している人もいますが、これもいけません。

これは授業担当の先生に対して失礼であるし、教室内の緊張した雰囲気をこわします。

数学の時間に、英語の単語を懸命に暗記しても、国語の時間に数学の問題に挑戦しても効果が上がりません。成果を上げるには、その授業、授業に集中しなくてはならないからです。

先生の目を盗んで、メモや手紙などを回覧するのも厳禁です。

授業は面白半分に受けるものではありません。しかも、皆が熱心に学んでいる最中に、一人、または二人の生徒が、自分勝手な行動をとることは、授業を受けるマナーに反します。

もしも、一部の生徒から、そのようなメモや手紙が回ってきたら、「休み時間にしろよ」と注意できる勇気を持ちたいものです。他人の勉強を邪魔する人は、真のクラスメートとはいえません。

学校へは、学用品以外は持ち込まない

ウオッホン
他の教科の勉強はしない
マンガ、雑誌類は持ち込まない
メモや手紙などの回覧はしない
こういう授業中の
マナーに反することは
真のクラスメートとして
失格だよ

14 入部前にいろいろなクラブを見学しよう

中学に入学すると、オリエンテーションの中に、必ず上級生によるクラブ紹介が組まれています。クラブは学校生活をより楽しく、より充実したものにしますので、**確かな情報を得て、自分の目で実際に確認し、そして、十分に検討して納得した状態で入部決定することが大切です。**クラブ紹介のときまでに、部員募集のポスターなどによって、どのようなクラブがあるのかチェックしておくとよいでしょう。

まず、運動部にするか、文化部にするか、自分の健康状態、自分の能力・趣味、そして通学時間など、よく考えていくつかにしぼっておくとよいでしょう。クラブ紹介のときに、必ずメモ用紙を用意して、候補にあげてあるいくつかのクラブの活動目標、活動予定日、クラブの特徴などをきちんとメモしておくと便利です。

次に、上級生の紹介どおりであるか、実際に見学して自分の目で確かめるのが大切です。

分からないことがあったら、どんどん質問します。そのときの上級生の応対も、入部の重要なポイントとなります。

このように慎重に検討して、いよいよ仮入部です。最初のうちは、勉強とクラブの両立は苦しいかもしれませんが、早く両立させるために自分の生活のリズムを確立することが大切です。

実際に見学して、自分の目で確かめて入部する

15 部員の出欠の確認をきちんととろう

クラブ活動を始める前に、出欠を確認することは大事なことです。欠席することが分かっている場合は、キャプテン、または、マネージャーに伝えておきます。

当日になって、都合が悪いと申し出てくることのないようにしましょう。その日になって、突然、出席できないと断ってこられると、その日の部活動の全体の動きに影響を与えることになります。

クラブ活動は、一人ひとりの個人プレーではなく、クラブ全員が集まって、決められたスケジュールに従って行動するのです。

一人が欠けても、クラブ活動へ影響がおよびますので、全体の和をくずさないようにする気配りが必要です。

また、キャプテンやマネージャーも、クラブ活動全体のスケジュール調整をふくめて、部員の当日の出欠状況を確認するようにします。

その日になって、「予定した練習ができない」と頭をかかえることのないよう、クラブ活動が円滑に行われるように取り計らいます。

クラブ活動は、全体がまとまらないと成果は期待できません。出欠を確認し、その場のメンバーが気持ちを一つにして活動することが大切です。

部活動開始は、まず部員の点呼から始まる

16 集合時間を守るのは部員のつとめ

出欠と同じく、集合時間に遅れないようにしましょう。そして、どうしても遅れるときには、その理由をきちんと述べて申告することです。

他の人が全員そろって準備しているのですから、クラブの活動計画を狂わせないためにも、自分勝手な行動をとって遅れることのないようにしなくてはなりません。

また、集合時間に遅れたときは、素直に謝りましょう。あえて口実を作ると、嘘をつくことになってしまいます。弁解めいたことをいくら言っても、すでに遅れて来たのですから、率直に詫びたほうが、すっきりしてよいのです。

何よりも、集合時間を守ることが大事です。

集合時間は、いいかげんに決められたのではなく、クラブ全員が参加できる曜日、時間を確認して決めているのですから、遅れないようにするのが当たり前です。

皆で決めたことは、皆が守る、これがクラブ活動の根本になります。守れないことを決めても、それは無意味です。

クラブ活動を有意義なものにするためにも、全員が、自分たちで定めたルールを尊重しなくてはなりません。

集合時間を守るということは、約束事の基本です。事を成す大事な一歩となるのです。

部活で決められたルールは全員で守ろう

17 部室は常に整理・整頓しておこう

部室が汚れていたり道具類がちらかっていると、部員の人格まで疑われます。

「何てだらしないんだ」と言われるだけでなく、外部の訪問者が見たら、「いったいこの学校はどうなっているんだろう」と、学校全体の名誉にもかかわってきます。また、部室が汚れていると、気分もだらけて締まりがなくなります。道具類がちらかっていれば、必要な道具をすぐに取り出せないことにもなります。

部室は、いつもきちんと整理・整頓しておくのが、部員の心がけです。

クラブ活動を終えて部室へ戻ってくると、疲れ果ててとても整理・整頓をする気力は残っていないかもしれません。しかし、部室へ戻ってきて、使用した道具類をきちんと所定の場所へ片づけて、取りちらかしてある室内を清掃して、はじめてその日のクラブ活動が終わるのです。

部室の整理・整頓は、上級生が下級生に任せておくのではなく、いっしょに率先して行動することが大切です。上級生が動くと早く終わるものです。

消灯、戸締まり、鍵の返却などは、下級生に任せるのではなく上級生が責任を持って点検・確認します。自分たちの部室をきちんと管理することが大事なのです。

部室は必要な道具がすぐ取り出せるようにしておく

なんだ
この部室は？

部室は誰に見られても恥ずかしくないよう、整理・整頓を心がけよう

消灯ＯＫ、戸締まりＯＫ、
あとはカギを返してと…

消灯、戸締まり、鍵の返却は上級生が責任をもって点検・確認しよう

18 クラブ活動の場所は大切に使おう

活動する場所が汚れていたり、グラウンドに小石が多かったり、雑草が生えているのは好ましくありません。使用する場所は、常に安全で清潔にするよう心がけたいものです。

施設は、自分たちのクラブだけのものではないのです。他のクラブが使用するときも、気持ち良く使えるようにしておくのが部員のつとめです。

活動しやすい場所にするためには、部員全員が心を一つにして、ステージづくりに励むことです。

クラブ活動は、活動の中身が中心となりますが、実力を十分に発揮するためには、ステージづくりが必要となってきます。

夏の暑い日、グラウンドに出て小石を拾ったり雑草をむしったりするのは、あまり気乗りしないかもしれません。また、冬の寒い日に、汚れている活動場所を清掃するのも、気が重いかもしれません。しかし、クラブ活動をする場所は、いつもきれいに片づけているようにしたいものです。

汚れている場所で活動するより、きれいな場所で活動するほうが気分も良く、思い切り活動できるものです。

一つひとつのプレーにも、はずみがつくでしょう。小石や障害物がないと、気持ち良く全力疾走ができます。

グラウンド整備はクラブ活動の第一課

グラウンドは、クラブ活動の土台。クラブ員全員で安全、清潔を心がけよう

19 事前の準備運動・整理運動は十分にやろう

超一流と言われる選手ほど、自分の体を大事にします。怪我をすると、もとの状態に戻るまでに時間がかかります。場合によってはもとの状態に戻ることができないおそれもあります。仮に、もとの状態に戻れたとしても、完全に体調が整って、本格的に競技活動を行うまでには長い時間がかかることになります。

怪我をふせぐためには、準備運動は欠かせません。準備運動は、「これから運動するよ」ということを体に教えるために行うものです。

同時に怪我を予防し、気持ちを引き締めて、高い効率を上げるための運動なのです。

整理運動は、熱くなった体をもとに戻すクーリングダウンの運動です。どちらも大切なので十分に行う必要があります。

たとえば、水泳をする場合でも、いきなり水に飛び込むと心臓麻痺を起こす危険があります。

体の屈伸運動を行ってから静かにプールの中へ入って、水温に体を慣らしていきます。

どんな運動も、いきなりプレー開始というわけにはいきません。ウォーミングアップを十分に行ったあと、活動開始ということになります。

何事によらず、事前の調整・準備が必要なのです。

クラブ活動を支える準備運動と整理運動

怪我をふせぐためにも、どんな運動でも準備・整理運動は大切だよ

20 チームワークを大切にしよう

どんな運動でも、一人ではできません。クラブのルールを守り、決められた係の役割を果たし、友だちと協力してすすめていくのがクラブ活動です。

話し合いで決められた係が気に入らなくても、素直に最後までやることです。気に入らない係になったからといって、不平や不満を言ってはなりません。決められた係としての役割を、ベストをつくして果たすことが大切なのです。

クラブの全員が、めいめい自分の希望する係を望んで、その係になれなかったといって怒ったりすねたりしていたら、クラブ活動は成り立ちません。

決められた係は、クラブ活動をする場合に必要なポジションなのです。活動を活発におしすすめていくうえで、大切なのは、チームワークです。

全員一致して、それぞれ与えられた係の役割をきちんと守り果たすことが全員に求められているのです。

常に皆のことを考え、協力して一つのことをやりとげることが、クラブ活動の最高の目標です。皆が、勝手なことを言い合うのではなく、自分の係の重要さをよく理解して協力していく姿勢が、皆との関係の絆をいっそう深めていくことになるのです。

気に入らない係でも、決められたら従う

僕は
こんな役
やりたくない

一人ひとりが決められたポジションを守らないとクラブ活動は成立しないよ

21 いつもさわやかに身だしなみを整えておこう

クラブ活動にも身だしなみがあります。運動着は清潔か、爪は短めに切ってあるか、靴は泥で汚れていないかなど気遣いが必要です。

「なあに、活動に熱中していればいいじゃないか」というだけではすまないのです。

汗くさい運動着、伸びている爪、泥まみれの靴は、他人に不快な感じを与えます。「不潔で不衛生」な印象は、つとめて避けるようにしたいものです。

また、汚れているものは、できるだけ自分で洗濯しましょう。クラブ活動は、クラブ活動のみに専心していればよいのではないのです。クラブ活動をするための、いろいろな関連する事柄をふくめて、自分で片づける、始末する精神を養うところでもあるのです。汚れた物を家へ持ち帰って家の人に任せてしまうのではなく、自分で洗濯し、自分で管理するようにします。

運動着を着用するときは、ボタンがはずれていないか、靴下がずれていないか、靴のひもが解けていないか、帽子をあみだにかぶっていないか、ベルトが弛んでいないかなど、十分注意します。また、爪を伸ばしていると、他人を傷つける危険があるだけでなく、生爪を剥がす危険もあります。自分のためにも、他人のためにも心すべきことです。

不潔で不衛生な印象は与えないようにする

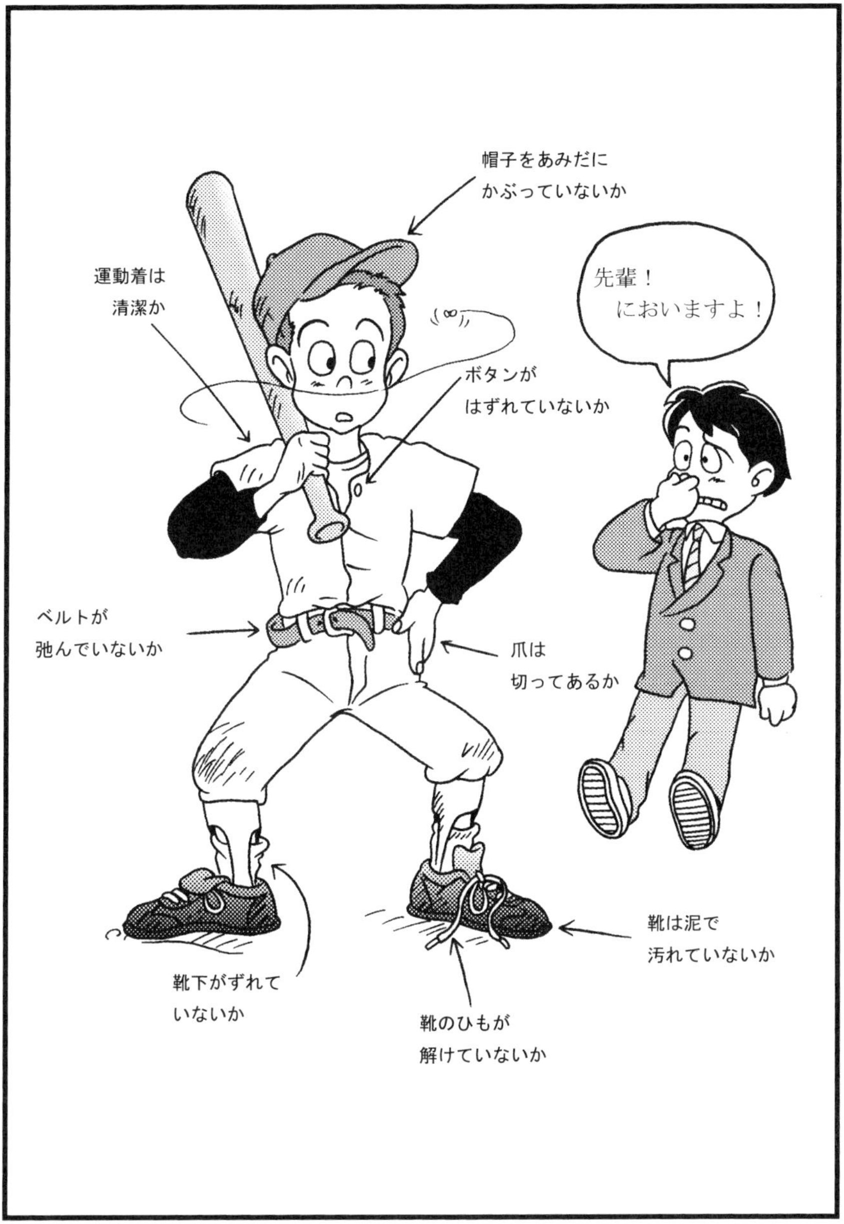
帽子をあみだに
かぶっていないか
運動着は
清潔か
先輩！
においますよ！
ボタンが
はずれていないか
ベルトが
弛んでいないか
爪は
切ってあるか
靴は泥で
汚れていないか
靴下がずれて
いないか
靴のひもが
解けていないか

22 クラブ用具・備品を大切に扱う

「あっ、そこにボールがころがっている」などという声を聞くことがありますが、ボールはクラブ活動に大切な用具です。粗雑に扱うのはもっての外です。ボールが決められているところに収納されていないということは、片づけが不十分であり、用具・備品の管理がおろそかになっていたからです。

こんなルーズなことでは、「何てけじめのないクラブだ」と言われても仕方ありません。

ボールがころがっていたら、素早く拾って部室へ持っていくべきですし、クラブのキャプテンやマネージャーは、クラブ活動後、使用した用具・備品がそろっているか否かについて点検し、確認するようにします。もちろん部員一人ひとりも、注意を払うようにしましょう。

また、種類ごとに在庫の総数についても点検、確認をしておきます。

数はそろっているか、傷んでいないかなど、調べておかねばなりません。ふだんの点検や確認がきちんと行われていないと、いざ使用するときになって、「あれがない」「これがみつからない」ということで大慌てすることになります。

クラブ活動の用具や備品は皆が使用するものですから、大切に扱うと同時にきちんとした管理もクラブ全員のつとめです。

クラブ活動の用具や備品はきちんと管理する

皆で、クラブ用具・備品を大切に扱おう

23 下校時間を守って練習に励もう

「上手になろう」「強くなろう」と思って練習するわけですが、長時間ダラダラやっていても上達しません。毎日の積み重ねが大切なのですから、時間を有効に使って練習に励むことです。

練習量だけふやせばいいのではないのです。

上手になる、強くなるためのメニューをきちんと組み立てて、有効で能率的なプランを皆で作ることです。

そのプランに基づいて、一つひとつの技術を確実にマスターするようにします。どんなに優れた人でも、いっぺんにたくさんのことをこなすことは無理です。

少しずつ、順々に身に付けていくことが、技術を覚えこむ第一歩です。覚えた技術を磨いて、クラブ活動の成果に結びつけていくことが一番いいのです。

「上手になろう」「強くなろう」と思うあまり、練習量のみに気持ちが奪われて、単にガンガンやればいいというものではありません。それに、クラブ活動には時間制限があり、下校の時間も決められています。時間内に活動を終え、必要な後始末をきちんとして下校するようにしなくてはなりません。

クラブ活動に熱中し、夢中になったため、下校時間が守られなかったという言い訳はいけません。定められた時間の中で、必要なことをすませるようにするのが学校のクラブ活動です。

練習に熱中していても下校時間は守る

24 試合はクラブ活動の成果を問う場

試合は、それまで練習してきたことの成果を披露し発表する場です。勝ち負けも大事ですが、「どういうところがよくて勝てたのか」「どこが悪くて負けたのか」という反省が大切です。

勝ち負けの原因を探って、今後の試合の参考にすることです。

「相手が強すぎたから仕方がないよ」では、負けた原因をつかんだことになりません。

「相手が強かったら、強い相手を今度は破ってやろう、そのためには、どんなやり方があるだろうか」と、皆で知恵を出し合って考えるのが反省です。

また、勝った場合も、「弱すぎて相手にならない」と見くびっていると、次も勝つという保証にはなりません。負けたクラブは、勝ったクラブを研究して挑戦してくるからです。試合の勝ち負けで、歓喜したり落ち込んだり、明暗が分かれますが、勝ち負けの原因を探りだして次の試合に備えるようにしましょう。

勝者も油断することなく練習に励み、敗者も、勝敗を逆転させるために練習に励めば、次の試合は、きっと見ごたえのある素晴しいものになるでしょう。

ふだんの練習の積み重ねが試合の場で十分に発揮されることになれば、それがクラブ活動の成果なのです。

試合後の反省会は率直に意見を交換しよう

今日は、昨日の試合の反省会をします どうして負けたのか、気が付いたことがあったら言ってください
じゃ、山田君から意見を……
僕はドリブルが多すぎて、パスが少なかったと思います
僕も個人プレーが多すぎたと思う
皆、テクニックはあるんだから、あとはチームプレーだと思うよ
わかった わかった
賛成
賛成
では明日からチームプレーの練習時間をふやそうと思います

II

25 皆の意見は素直に真面目に聞こう

自分だけしゃべりまくって相手の意見は少しも聞かない。こんな一方的な態度はどの社会でも嫌われます。

話し合いというのは、言うだけ言ってしまえばそれだけで終わりではないのです。自分の意見や主張を述べるからには、相手にも当然、意見や主張があるはずです。その人の意見・主張を率直に、真面目に聞くことで話し合いは成り立っています。

まず、相手の意見やその他の人の意見・主張には、素直に聞く態度が必要です。

相手によって、それぞれ意見や主張が異なるのは当たり前です。自分の意見・主張と違うからといって、独善的な態度をとるのは、はなはだ失礼な行為になります。

自分の考えよりも、他の人の考え方が理に適っていて、説得力をもっている場合もよくあるものです。そういうときは、自分の意見・主張に拘わらないで素直に同意したほうがいいのです。

自分以外の皆の意見・主張を謙虚に聞くことは、進歩、向上、発展につながっていきます。気づかなかった問題点の発見や整理の仕方、あるいはテーマの分析と構成、解決の方法など、「ああ、そうだったのか」と、うなずくことがたくさんあるはずです。

自分だけの意見を押し通すのではなく、皆の意見を十分に聞き、それを尊重したいものです。

自分の意見を主張するだけでなく皆の意見も聞く

26 上級生・下級生の間の良い関係を築こう

多くのクラブ見学をして、このクラブしかないと胸おどらせて入部したのも束の間、上級生が横暴でわがもの顔、物の道理もわきまえないので、下級生が退部したものかどうか悩んでいるというケースがあります。

せっかく楽しみにしていたクラブ活動も、こうなると憂うつなものと化し、お互いに不幸な状態となります。

上級生は決して先輩面をしてはいけません。下級生の良き指導者、アドバイザーでなければなりません。いけないことは厳しくたしなめ、良いことはほめてやる気を起こさせる、これは大切なことです。**上級生の評判が良いクラブは、部員も多く、活動も大変活発で良い成果を上げている場合が多いようです。**

また、下級生も上級生に対し、甘えたり、バカにしたり、生意気を言ってはいけません。

謙虚な気持ち、敬う態度をいつも心がけてほしいものです。

活動や、試合の予定をたてるとき、あるいは反省会のとき、上級生、下級生の分けへだてなく全員できたんなく話し合うことが、上級生と下級生の溝をつくらない大切なポイントです。

活動が終わったときは、上級生は下級生をフォローしながらいっしょに後片づけをしましょう。「いい先輩だな」と、上級生に対する下級生の信頼感が高まることになります。

上級生の評判が良いクラブは部員も多く活動も活発

そっと
脇をしめて
はいっ
上級生は、
下級生の良きアドバイザーになろう
ナーイス シュート
良かったときは、ほめてあげよう
なんだ、あの
部室のきたなさは！
いけないことは厳しくたしなめる
北野、最近
うまくなったじゃない
そうですかあ？
上級生は下級生をフォローしてあげよう

27 常に相手の立場になって考えよう

自分さえよければ他人はどうなってもかまわない、という自分勝手な人は、やがて誰からも相手にされなくなるでしょう。

「我が身をつねって、他人の痛さを知れ」という、古い言葉がありますが、相手の立場や意見を尊重することが大事です。

昔、二人の旅人が荷物を背負って同じ道を歩いていました。お互いに相手の荷物が自分のより軽いように見えたので、交換して背負ってみたら、かえって重く感じたという話があります。

この話は、相手の立場に立って考えることの大切さと、人間の身勝手な一面を教えています。

自分の考えをきちんと持つことは大切ですが、その考えを他人に押し付けてはいけません。人は、それぞれ自分の意見を持っています。相手の考えと合わないこともあります。

自分とは反対の考えを持っているから、嫌いだとか、付き合わないとか言っていたのでは、交際範囲が限られてしまい、自分と似たような人たちだけの世界に閉じこめられてしまいます。

私は私、君は君と、相手の人格をきちんと認めて、まず、相手の立場や意見を尊重することです。

世の中、自分と同じような人ばかりいるのではないのですから、考えが違っていたり、意見を異にしていても、相手の立場や長所を認めて仲良く付き合っていくことです。

相手の立場や長所を認めて仲良く付き合う

あっ
あっちのほうが
軽そうだなぁ
①
重そうだね
替えて
あげようか？
僕もそう
思って
たんだ
②
ヨイショ
③
あれっ、
さっきの
ほうが軽か
ったかな！
④

28 友だちの嫌がることはしない

友だちと仲良く付き合うコツは、相手の心を察することです。

(1) 嫌がることはしない

(2) しつこくしない

(3) 家庭内のことを聞き回らない

(4) 服装の批評はしない

(5) 自慢はしない

「親しき仲にも礼儀あり」という言葉があります。友だち同士の気安さで、ざっくばらんに付き合うのはいいのですが、節度をわきまえることが大切です。

たとえば、相手のくせをからかったり、嫌がることをしたり、家庭内のことを根掘り葉掘り尋ねたり、特に、相手の着ているものをけなすようなことは言わないこと。自分が友だちから嫌がらせを受けたとき、どんな気持ちになるかということを考えれば、友だちに対しても嫌がることをしないのが友情なのです。

また、自慢話は、話している本人は得意顔でしゃべっていても、聞いているほうでは「いい加減にしてくれ」とへきえきしていることが多いものです。

和やかに、気分良く友だち付き合いをしていくためには、自分本位に振る舞うのではなく、相手の立場、相手の心を十分に尊重することがとても大切です。

クラスメートのプライバシーに立ち入らない

家庭内のことをしつこく尋ねない

嫌がることはしない

自慢話はやめようね

相手の服装をけなすようなことは言わない

29 間違いを指摘されたら素直に改めよう

どんな人にも、間違いや失敗があります。十分に気をつけていても、間違いや失敗を起こしてしまうことがあります。

そんなときは、**あれこれ理屈をこねずに、素直に改めましょう。**いちいち弁解して言い逃れをするのは卑怯です。

「動いてもゴマ」という諺を知っていますか？　紙の上に黒点が一つあります。「これは虫だ」と一人が言います。「いや、これはゴマ粒だ」と残った一人が言いかえします。

二人は、それぞれ「虫だ」「ゴマだ」と言いつのっているうちに、紙の上の黒点がひとりでに動き始めたのです。この場合、「ゴマだ」と主張していた人が、自分の非を認めないでいつまでも「ゴマだ」と我を張っていたら、笑い者にされてしまったでしょう。黒点が動き始めたところで、「ああ、やっぱり虫だったね」といさぎよく過ちを認めて詫びる素直さが人間には必要です。

間違っていたのは認めるけれど、詫びるのは癪にさわるというのは、素直ではありません。筋のとおらない強情を張っていると、「あいつは分からずやだ」と嫌われてしまう原因を作ります。

論語に、「過ちては改むるに憚ること勿れ」と言う言葉があります。人には、間違いはある、大事なのは間違った場合すぐに改めることだという意味です。

間違っているのに強情を張っていると嫌われる

ゴマだ
違うよ、虫だよ
ゴマだったら
ゴマだよ
虫だって
ほら、やっぱり虫だ
?
違うよ、ホラ、
ゴマじゃないか
間違いは間違いと率直に改めよう

III

30 自分が悪いと認めたら、いさぎよく詫びる

単なるふざけ合いがエスカレートして、なぐり合いの喧嘩になることがあります。あとで考えてみると、自分のほうから「ごめんなさい」と一言詫びていれば、派手な取っ組み合いをすることもなかったのです。また、なぐり合いの喧嘩までいかなくとも、「すまなかった」と頭を下げていれば、友だちとの仲も気まずくなることはなかったのです。

喧嘩やトラブルには原因があります。原因がある以上、どちらかが悪い所があったのです。よく考えてみて、原因が自分にあると悟ったら、いままでの行きがかりにいつまでも拘っていないで、「ごめんなさい」と詫びることです。

喧嘩やトラブルの原因を考えてみると、たいてい相手の弱点を衝いたり、口外してほしくないことをあばいたり、精神的にショックを与えるような場合が多いのです。

人間、誰でも、触れられたくないことがあります。それなのに、平気でそのことをしゃべりまくられるのは迷惑ですし、相手の怒りを誘う原因ともなります。

また、冗談のつもりでつい口をすべらせてしまって大喧嘩になってしまうこともあります。しかし、喧嘩が起きてしまったときは、原因をつくったほうが相手に対して率直にその非礼を詫びねばなりません。それが、その人を大きくしていくのです。

トラブルの原因が自分にあれば素直に詫びる

III

31 言葉の暴力には気をつけよう

言葉の暴力は、心の中に深く突き刺さるものです。「僕は、そんなつもりじゃなかった」と言っても、言われたほうは傷ついているのです。腕力による喧嘩で怪我をしても、治療すれば治りますが、言葉の暴力で受けた傷は、心の中に痕跡をとどめて簡単には治りません。

特に、中学生時代は、自分の容姿やクセを異常なほど気にかけます。「そんなこと大したことじゃないだろう」と、他人にとっては気にならないようなことでも、本人には大問題となることがたくさんあります。

背が低いとか、太っているとか、偏平足であるとか、歯並びが悪いとか、誰かに言われなくても、本人が、自分自身コンプレックスに悩んでいる場合は、直接、名指しで言われたのではなくても、ひどいショックを受けるものです。また、二、三人集まっておしゃべりしていたのに、話題の人物が現れると、急に黙り込んで知らぬ振りをするなどは、いかにも当てつけがましくて嫌な行為です。実際は、まったく違うことを話していたにせよ、心ない仕打ちと言われても仕方ないでしょう。

相手のクセをあれこれそしるのもよくありません。クセは誰にでもあります。無くて七癖という言葉があります。不用意な言葉を発して、相手を傷つけるのはやめるようにしましょう。

言葉の暴力で傷つけられた心はなかなか癒えない

不用意な発言で相手を傷つけることだけはやめたいね

特定の人に対して、急に黙り込むなど、あてつけがましい会話はやめよう

32 約束したことは、きちんと守ろう

約束したことは守るのが当たり前なのに、平気で破る人がいます。守れない約束ならば、はじめからするな、と言われても仕方ないでしょう。

なぜ、約束したのに守れないのか、理由は二つあります。

一つは、相手の歓心を買おうとしてミエが働く場合です。もう一つは、断る勇気がない場合です。しかし、どんな理由があろうとも、約束したからには、守る義務と責任があります。また、約束を守ることで、その人の信用も得られます。

「彼は、約束は必ず守る、破ったことがない」という評価は、その人の信用を大いに高めます。信という言葉は、「にんべん」に「言」と書きます。

ところが、約束しておいて、「あのときは、実は、そのう……」と、約束を破った言い訳ばかりしている人は、そのうち、信用を失って、誰からも相手にされなくなるでしょう。

約束するということは、お互いが守るという信頼関係に基づいた上に成り立っています。はじめから、約束を守らない相手と約束を交わす人はいません。約束するからには、相手が守るであろうと信じてする訳です。

約束を守れずそれを破る人は、自ら人間同士の信頼関係を裏切っているのです。

約束したことは守るのが信頼関係を結ぶ絆

約束を平気で破る人は、友だちの信用をなくし、相手にされなくなるよ

33 約束の時間には遅れないように行く

約束の時間に遅れて来て、平気でいる人を見かけます。時間は誰にでも平等に訪れ、去っていきますが、失われた時間は再び戻ってきません。もちろん、お金で買うわけにもいきません。

そのときのその時間は、人生の貴重な一瞬であり、自分にとっても相手にとってもかけがえのない大切なものです。

「五分や十分、遅れて行っても、どうということはない」と、もしも、考えるようなことがあれば、その人は友人として付き合うことをためらわれても文句は言えません。

約束した場所へ約束した時間に来て待っている相手を、無神経にも待たせておいて、「やあ、どうも、どうも、待たせちゃって」と、あっけらかんとやって来る人は、一度や二度なら、「乗り物が遅れたんだろう」とか、「家を出るとき、急用でも出来たのだろう」とか、好意的に解釈してくれるかもしれませんが、いつも約束の時間に遅れてくると、「遅刻常習者」として、相手にされなくなります。

個人との約束時間に遅れることも許せませんが、団体行動のときは、もっと困ります。

集合時間に遅れることは、定時に発車する電車やバスの予定が大幅に狂ってしまうことにもなります。約束した時間を厳守することは、人が社会生活をするうえでの基本条件です。

約束の時間を守るのは社会生活を営む基本条件

ごめん、遅れちゃって
これで二回目だよ
ゴメン!!
う～ん もう三回目じゃないか
ゆるして!
今度の日曜日遊びに行かない?
いやだ もう君は信用できないね
プイ
遅刻常習者のレッテルを一度貼られるとなかなか取り返しがつかないよ

34 悩みごとや相談ごとは真剣に聞いてやろう

よく行われる意識調査の中に、「悩みごとや相談ごとは誰に相談しますか」という一項目があります。

答えは友だちがいちばん多く、保護者、先生を圧倒しています。

お説教や注意をされない気安さがあるため、頼りにされるのです。

相談された場合、または悩みを打ち明けられたときは、**熱心に真剣に耳を傾け、誠意をもって答えることです。**君なら相談相手になってもらえると思って話しかけてきたのですから、自分の答えられる範囲で、いっしょに考え、いっしょに問題解決のための方法を探ってあげたいと思います。

相談をもちかけてくるということは、自分だけでは解決できず、思いあまって「どうしたらよいだろうか」と、問いかけてきたのですから、「自分のことは自分で考えろ」と、突き放さずに、相手の立場になって考えてやってほしいものです。

相談ごとや悩みごとは、すぎ去ってしまえば、「なんであんなことに拘っていたのだろう」ということがあります。しかし、悩みに取りつかれているときは、自分一人ではどうにもならず、この人なら、と思う相手を見つけて訴えてくるものです。

その場合、友だちの打ち明けたプライバシーに関する事柄については、絶対に他人に漏らしてはなりません。

どんな悩みでも、相談されたら乗ってやろう

35 陰口やうわさ話、悪口は慎もう

陰口は友情を破壊するものです。自分が陰口の対象にされていて、その部屋に入ったとたんに皆が話をやめてしまったときほど不愉快な気持ちになることはありません。

また、うわさ話の多くは根拠のない無責任な作り話です。

陰口やうわさ話は、対象にされている人を傷つけるだけでなく、実は、陰口やうわさ話を撒き散らしている人たちをも傷つけているのです。

事実無根の話に尾ひれをつけて、いかにも真実であるかのようにふれ回っていると、やがてそんな行為をしている人自身が他人から侮りを受けることになります。

陰口を叩いたり、うわさ話を面白がるのは、人間のすることではないのです。

そして、陰口やうわさ話から友情は生まれてきません。むしろ、昨日まで仲良しであった交友関係を損ねてしまいます。

ひそひそ肩を寄せ合って、クラスメートの誰彼の陰口をもっともらしくささやいたり、面白半分に作り上げたうわさ話を、訳ありげに流して、悪口の対象にされた人の反応を知らない顔をしてみるなどという行為は、やめなくてはいけません。

他人を傷つけるような陰口、またはうわさ話は、生徒同士の人間的な信頼関係を妨げる悪い行為です。

思わせぶりな内緒話は、イヤ～な感じ

ひそひそ
肩を寄せ合って
陰口を言ったり
うわさ話をするのは
やめようね
あたしのことかしら…
それで、
さあ…

36 友人宅を訪ねるときのマナー

交友が深まるにつれて相手の家を訪問する機会がふえてきます。

語り合っているうちに、いつのまにか時間がすぎてしまって、遅くなってしまうときがあります。話がはずむあまり、つい、長居してしまうことになったのですが、**やはり、訪問したときに、あらかじめ帰宅する時間を告げておくことが必要です。**

とくに、夕方から夜間にかけての訪問は、あまり遅くならない時間に帰るよう心がけてほしいものです。

「あっ、もうこんな時間か」と腕時計を見たら、終電車の時刻が迫っていたということがないようにしましょう。

訪問先の友人宅では、息子や娘の友人の訪問を歓迎してもてなしてくれますが、相手の都合も考えて、帰る時間をあらかじめ決めておくようにします。

午後の訪問ならば、夕食前には帰宅する、また、夜間の訪問は、九時以降にならないという具合にしましょう。

友だち同士の気安さから、訪問するほうも、されるほうも、帰る時間を忘れて話に夢中になってしまうことは分かるのですが、相手の家族に迷惑をかけることも考えて、節度のある訪問を心がけてほしいものです。

特に、数人での訪問は、帰る時間を守り、帰宅後は、すぐ電話でお礼の言葉を述べておくのがマナーです。

訪問したら、あまり遅くならないうちに帰宅する

トントン
ジューッ
あ、もう夕食だね そろそろ 失礼するよ

午後の訪問ならば夕食前に帰宅しよう

あ、もうこんな時間だ！

夜間の訪問は九時以降にならぬように

いらっしゃい
おじゃまします 今日は、8時頃 には失礼します

帰宅時間はあらかじめ決めて守るように

今日はどうも ありがとう ございました

帰宅後はすぐに電話でお礼を言おう

37 友だち同士の金銭貸借は避けよう

大人の世界であれば、金銭の貸し借りの際は借用書がつきものですが、中学生では金額も少ないので、いちいち借用書の取り交わしはしないでしょう。

友だちのことだからと、口約束ですませているようですが、この口約束が意外とトラブルの原因となります。

まず、貸し借りを証明できないからです。借りた人は、貸した人より忘れやすいもので、貸したほうは催促しにくいこともあり、しこりになって残るのです。「えっ、借りてたっけ」「とぼけるなよ、貸したじゃないか」……こんな口喧嘩になりがちです。

ほんとうは、貸し借りをしないことがいいのです。しかし、そのときの事情で、貸借関係が生じた場合は、約束の期日に、催促されなくても返済する、このことをしっかり守れば、トラブルは起こりません。

ところが、お金の貸し借りは、借りたほうがルーズになり、貸したほうは催促しかねて気分が落ち着かないことになり、二人の関係が悪化するということが世間には多いのです。

はじめは、親切心から貸してやっても、借り主が、貸し主の好意にこたえないと、やがて、返せ、返さぬといったトラブルになってしまうのです。こんな金銭をめぐるトラブルに巻きこまれないためにも金銭貸借はやめましょう。

お金の貸し借りはしないようにしよう

この間貸した
二百円
返してよ
えっ?
二百円なんて
借りて
たっけ?
とぼけるなよ
フン
フン
こうならないためにも友だちとの
金銭の貸し借りはやめよう

Ⅲ

38 仲良しグループだけに閉じこもらない

「弱い人間ほど、群れをつくりたがる」という格言があります。

つまり、交友関係のあり方が同好の仲間内だけになって、他の人をよせつけない排他的な世界を作ってしまうのです。

交友関係は、同好の士の集まりも悪くないのですが、そのグループだけにまとまってしまうのは考え直してみる必要があります。

もっと幅広く、意見や性格の違う友だちとの交友も結んだほうがよいのです。

似た者同士の付き合いだけでは、視野もせまく、自分たち以外の世界がなかなかみえてきません。好みも、タイプも違う友だちと交わることによって、いままで気づかずにいた事柄や、知らずにすごしていた事柄を発見することができます。

それに、自分でも気づかずにいた新しい自分を発見することにもなります。

勉強のすすめ方や、ノートのとり方や、趣味嗜好や、交際の仕方まで、仲良しグループの中では見すごされてきて問題にもならなかった話題を新しく見つけだすこともできるのです。

人によっていろいろな考え方があります。それぞれの見方、思いつきがあり、活発な行動があるのだということが分かってきます。一定の枠の内にとどまらず、フレッシュな感覚を研ぎすまして、心の窓を外へ向けてもっと大きく開いてほしいものです。

いろいろなタイプの人とも仲良く付き合おう

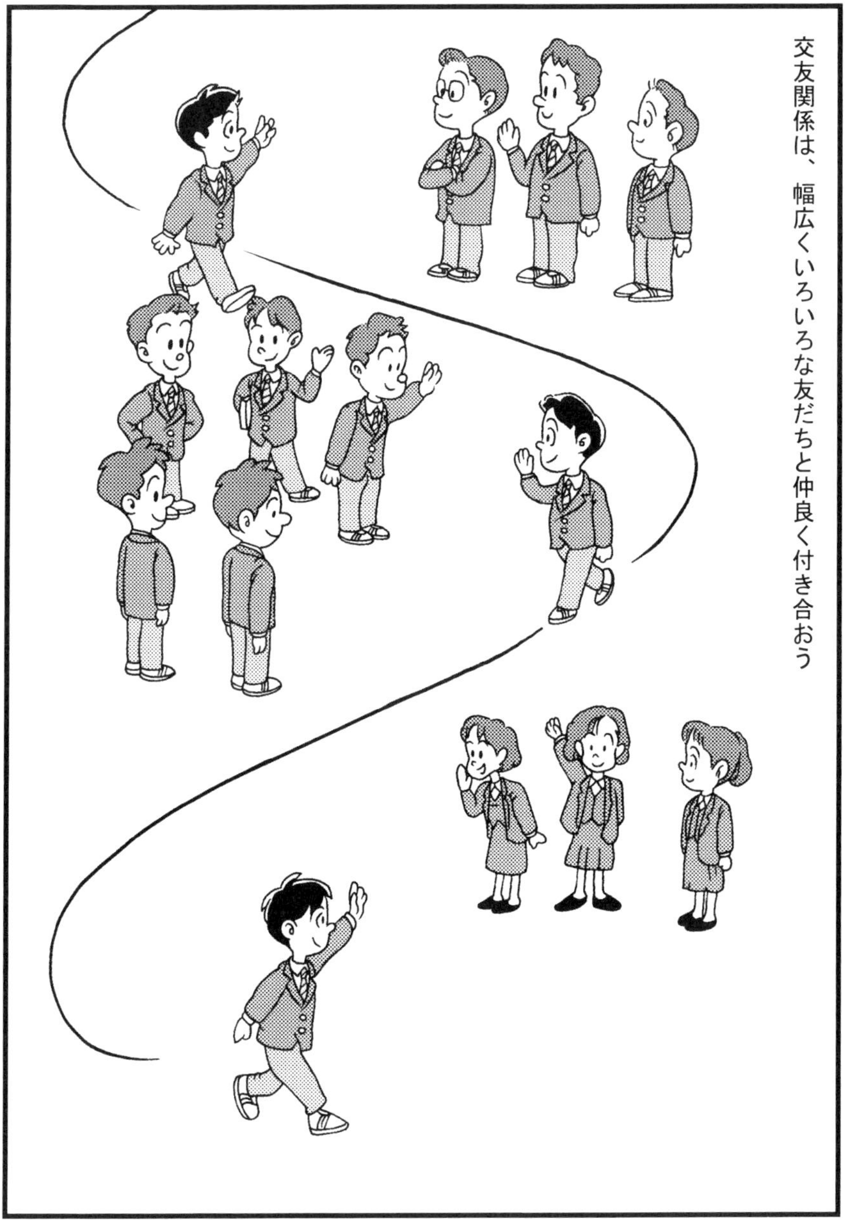
交友関係は、幅広くいろいろな友だちと仲良く付き合おう

39 借りた物は忘れずに必ず礼を述べて返そう

ここに、お小遣いをずっとためておいて、やっと買うことのできた一冊の本があります。

大変に深い感銘を受けた本です。誰の手にも触れさせずに本棚の奥にそっとしまっておきたい、とっておきの本なのです。

この本を、友だちから是非貸してほしいと言われました。さあ、どうします？

ゲーム機器、ビデオテープ、DVD、CD、楽器、本・雑誌など、人から物を借りるとき、まるで自分の物であるかのように当然といった感じで借りる人がいます。

どんなにつまらない物のように見えても、持ち主にとっては、大切にしている物であったり、お祝いにいただいたり、あるいは思い出の記念の物であったりする場合があるのです。ほんとうに借りてもよい物なのか確認して、**そして借りたならば、できるだけ早いうちに返します。**

持ち主は、もう忘れているだろうと、借りっぱなしでいる図々しい人がいますが、貸した人は絶対に忘れていません。

万一、汚したり、こわしたり、あるいはなくしたりした場合は、早く、正直に事実を話して謝ります。場合によっては弁償しなければならないこともあります。借りた物は、責任をもって早く返す。親しき仲にも「ありがとう」の礼儀を忘れてはいけません。

借りたものは、催促されないうちに返そう

わあ、おもしろそうな本だね 読み終わったら貸して もらえないかな
いいよ！

借りるときは、借りてもいいものか、
相手に確認してから借りるようにしよう

このあいだ貸した本 そろそろ返してくれない かな？
あれ、おぼえてた？

借りたものは、忘れずに返そう

どうも、ありがとう とてもおもしろかったよ

借りたものは、催促されないうちに返す

ここに、コーヒーか何か こぼさなかったかい？

借りたものを汚したり、こわしたりしたら、
弁償しなければならないこともあるよ

40 団体行動のための準備について

団体で行動するためには、全体の秩序が乱れては困るので、全員が最低守らねばならない規則を作る必要があります。

次のようなことに注意しましょう。

(1) 持っていかなければならない物

(2) 持っていってはいけない物

(3) 持っていったほうがいい物

などに分類して決めるといいでしょう。

宿舎では、室長、食事係、風呂係、売店係、行事係、また、パンフレット係なども決めておく必要があります。

全日程、各種行事の時間をはじめ、宿舎の見取り図、周辺の地図なども用意して、万全を期すための準備を入念にします。

先生の指導のもと、リーダー、サブリーダー、パンフレット係がいっしょになってパンフレットを作成し、内容を参加者全員に徹底熟知させるようにします。出発日の二・三日前には、日程、持ち物の確認など、十分にしておきます。

また、体調をくずして参加できなくなることのないよう、飲食、睡眠には気をつけます。せっかく楽しみにしていたのに、体の具合を悪くして参加できなくなるということは、とても残念なことだからです。全員が、元気な顔をそろえて参加できるよう、一人ひとりの注意が必要です。

万全の準備を整えて団体旅行を楽しくしよう

41 集合から出発までの注意事項

遅刻は厳禁です。一人の遅れが全員の遅れにつながります。

出発日前夜の夜更かしも厳禁です。朝寝坊の原因になるからです。朝寝坊して慌てて駆けつけてくることは、思わぬ事故に巻き込まれることにもなりかねません。

ただし、何らかの理由で遅刻しそうになったときは、集合時刻前に連絡の電話をかけましょう。また、不測の事故や病気で不参加になる場合も同じです。

車に酔いやすい人は、酔いどめの薬を出発の三十分前に飲んでおくことです。車内を汚さぬようポリ袋の用意もしておきます。もしも車の中で気分が悪くなったら、一人で我慢して苦しんでいないで、先生か、リーダーに言うことです。

出席確認後乗車したら、自分の席に着き、車内を勝手に移動しないこと。揺れる車内での移動は怪我のもとになります。

狭い車内を動き回ると、席に着いている他の生徒へ迷惑をかけることになるし、運転手さんガイドさんにも、よけいな心配をかけることになります。

急ブレーキ、急停車などの際、事故につながる危険にさらされることにもなります。必ずシートベルトを着用しましょう。

バスの車内では節度を保ち、ハシャギすぎない

遅刻は厳禁

車内では勝手に席を移動しないこと

42 バス旅行の上手なすごし方とマナー①

バスの窓から顔や手を出すことは絶対にいけません。面白がって窓から顔や手を出すと、対向車に触れたり、道路上の標識や建造物に触れて大怪我をするもととなります。

せっかくの楽しい旅行の夢が砕けてしまいます。また、事故にあった場合には、騒いだり、勝手に席を離れたりせず、乗務員の指示に従います。

長い時間、車中ですごすのですから、車窓の風景に見入っているのも飽きてきます。そんなとき、自分の席を移動せずに楽しいひとときをすごせるような工夫を考えておくとよいのです。

旅行中の解放感から、つい、バカ騒ぎに興じることもあるようですが、それは周囲の雰囲気をこわすだけでなく、疲れる原因ともなります。

バス旅行が終わって、ようやく宿舎に着いたとき、すっかりくたびれ果ててグッタリしている格好はよくありません。

車内での飲食が認められる場合は、回りを汚さないように注意しましょう。菓子類の包装紙、パッケージ、ジュースなどの罐やビン類は、飲食をすませたら、ゴミ袋にまとめ、往路ならば宿舎まで、復路ならば自宅まで、それぞれ持ちかえって処理します。

車内飲食は節度をわきまえ、ゴミは持ち帰る

車内では工夫して楽しもう

バスの窓から顔や手は出さないこと

菓子類の包装紙、パッケージ、カン、
ビン類はゴミ袋にまとめて持ち帰ろう

車内での飲食は引率の先生の指示を
受けてから

43 バス旅行の上手なすごし方とマナー②

宿舎へ着くまでの間、ドライブインへ立ち寄ります。この場合、前の人を掻き分けて先へ出ようとしたり、いち早くバスのステップを飛び降りて駆けだすようなことはやめましょう。

降車するときは、前の人から順番に降ります。また、バスが駐車している周辺は他の車が行き交っていて危険です。前後周辺をよく見回して安全を視認してから、トイレへ行くなり、背筋を伸ばして深呼吸するなりして一息入れましょう。

友だちとおしゃべりしながら歩くのは事故のもとになります。話に熱中して周囲の車の往来に気づかずにいると、車にぶつかったり、引っかけられたりして怪我をします。

ドライブインの施設は、多くの人たちが使用するので、大事にしましょう。また、バスへ戻る時間を忘れないでください。皆が席へ戻っているのに、一人でも席へ戻っていないとバスは発車することができません。

ドライブインでの集合・出発時間は厳守です。

皆の旅行なのですから、楽しくするように皆で盛りあげていくべきです。バスの発車時間が遅れることは、宿舎へ到着する時間もずれ込んで、宿舎の人たちの仕事の手順を狂わせてしまうことにもなります。自分勝手な行動はとらないようにしましょう。

休憩時間を守り、バスの発車時刻に遅れない

バスから降りたら前後周辺をよく見回す
バスを降りるとき、ステップを飛び降りない
皆の旅行なんだから、楽しくするように皆で盛りあげて、事故のないようにしたいね！
あっ！いけない遅れた…
皆が待っているのですよ !!

44 宿舎に着いたらまずすることは

宿舎に着いて各自の部屋へ荷物を運んだら、くつろぐ前に避難路、非常口の確認をしておきます。避難訓練を行うので、その準備です。

「いいよ、ゆっくりしてから、あとで」という訳にはいきません。一番大切なことです。

たとえ避難訓練を行わなくても、当然の心得です。

宿舎は、何日間かお世話になるところです。

宿舎の人に出会ったときは、何にも言わずに通りすぎるのではなく、そのときどきにふさわしい挨拶を交わしましょう。

「こんにちは」「お早うございます」「よろしくお願いします」「ありがとうございます」など、語尾をハッキリさせて挨拶することです。宿舎の人にお世話になっているのに、挨拶も満足にできないのでは笑われます。それに、挨拶することによって心が通い合うことにもなります。学校で配られた案内図をもとに、より詳しく説明してもらうこともできるし、地図に出ていない名所・旧蹟、ぜひ見ておきたいところなどもアドバイスしてもらうことができます。挨拶は、単に儀礼的にするだけではなく、お互いの心を結びつける働きもします。

いい旅を楽しくすごすには、出会った人たちと打ち解けるところから始まるのです。

火災や地震に備えてまず避難路の点検を

避難路
非常口
避難路はこれで、
非常口は、え〜っと
こっちか…

避難路、非常口の確認をまず最初にしよう

こんにちは
はい、こんにちは

旅を楽しくすごすには、まず、出会った人たちとの挨拶からだよ

45 宿舎に着いて十分に気をつけたいこと

部屋割りが決まったら、それぞれ自分の荷物は分散させずに、一か所にまとめておきます。他人の持ち物と混同しないためにも、放りだしておかないようにします。

汚れた物は袋に入れてまとめ、人目につかないよう始末します。室内は、荷物が散らかっていないよう整理・整頓を心がけましょう。

部屋に出入りする際のスリッパは、入り口に揃えて脱ぎ、次の人が履きやすいようにしておきます。

貴重品は、部屋ごとに貴重品袋に入れて預けます。大事な物がなくなるのは誰でも嫌ですし、気分の悪いものです。

それに、貴重品の保管が十分行き届いていなかったために、紛失したり、見当たらなくなって、「あっ、ない、どこへいったんだろう」などと騒ぎだすことのないようにしたいものです。自分の不注意によって同室の友人たちに不愉快な気持ちを与えることにもなります。

所持品の保管は、各自が責任をもってするべきです。旅程を終えて帰校するまでの間、何事もなく楽しい気分ですごすためにも、うっかりミスを犯して大騒ぎを起こすことのないように気をつけましょう。各自のちょっとした心遣いでふせげるのですから。

宿舎に着いたら必要なことをしておく

汚れた物は、袋に入れてまとめて
始末しよう

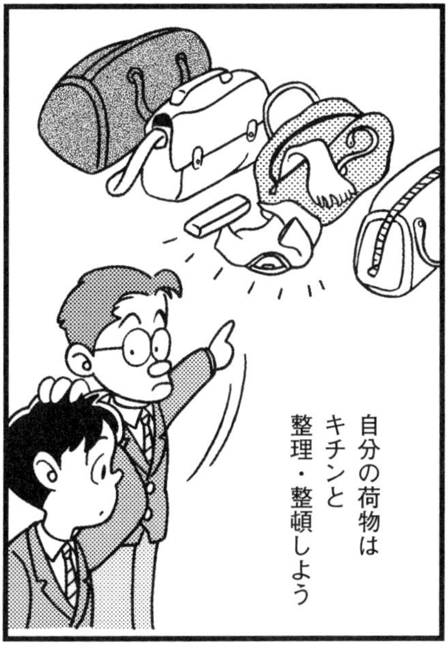

自分の荷物は
キチンと
整理・整頓しよう

貴重品は貴重品袋に預けよう

スリッパは入口に揃えて脱ぐ

46 洗面所や浴室を汚さないようにしよう

洗面所で顔を洗ったり、歯を磨いたりする場合、水滴を飛び散らして周囲を汚さないように使います。一人だけの洗面所ではなく共同使用の場所なのですから、あまり勝手な使い方をすると、あとで使用する人の迷惑となります。

「わあっ、なんだ、汚ないなぁ」などと、文句を言われないためにも、また共同使用の場所は、皆で清潔を保つところでもあるからです。

入浴も同じです。浴槽に入る前に、体をよく洗います。いきなりザブンと飛び込むのはマナーに反します。

まず、体についている汗やほこりは、ていねいに洗い流してから入ります。

浴槽の中で、ふざけて潜ったり、湯をはねて泳いだり、羽目をはずすことは厳禁です。

浴室で使用したオケ、イスは、洗い流してもとの位置に戻しておきます。使ったまま放りだして知らん顔はいけません。

次に入る人が使用しやすいようにしておくことです。

浴室を出る前には、体についている水滴をよく拭いて、脱衣場を濡らさないように気をつけます。

なお、最近は水着をつけて入浴する施設もありますが、学校での旅行では水着着用の入浴はやめるべきでしょう。

お風呂や洗面所は汚さないように使う

洗面所は汚さないよう注意しよう

浴槽に入る前、体をよく洗おう

いきなり飛び込むのはマナー違反

オケ、イスは洗い流してもとの位置に…

浴室を出る前に水滴をよく拭おう

水着着用の入浴はやめよう

47 消灯時間・起床時間を守ろう

消灯時間がすぎても、いつまでもおしゃべりしていることがあります。

友だち同士で話がはずみ、解放感から、つい、消灯時間を忘れさせてしまうのでしょう。睡眠不足となって体の疲労を招くことになります。

また、他の友だちの安眠妨害にもなります。

部屋から部屋への移動は、災害時の点呼・確認に支障が出るので厳禁です。

それに、**自分がなかなか眠れないからといって、部屋を出たり入ったり、周囲の静かさをこわすような振る舞いはしないように。**

十分な睡眠をとっていないと、朝の起床時間も守れないことになります。皆が起きて、したくしているのに、自分だけ朝寝坊をしているのは、その日の行動の差し支えとなります。

起床時間には元気よく飛び起きて、「お早う」と、さわやかな挨拶を交わしたいものです。旅行中の楽しい日程を充実してすごすためにも、寝不足のボンヤリした顔は見せないようにしましょう。

起床時間を守って全員集合することから、その日の行動プランは始まります。夜更かしせず、睡眠を十分とるように。

消灯時間を守って、疲れた体を休めよう

夜更かしは、次の日の行動に差し支え、他の友だちにも迷惑だよ

部屋から部屋への移動は、災害時の点呼・確認に支障が出るので厳禁です

48 街へ出てからの上手な時間のすごし方

班をつくって街へ出たら、日程順にコースを消化しますが、気づいたことはメモしておきます。見て回った史蹟・旧蹟、名所の記憶がいっそう鮮明となって残りますし、学習上の参考にもなります。また、コースの途次、横一列になって歩くと後ろから来る人の歩行を妨げるので、道をふさぐような歩き方はしないように。

昼食時間に店に入って食事をしたりしてくつろぐ場合も、話に熱中しすぎて、「あっ、いけない、もうこんな時間か」と、気づいて、慌てて立ち上がることのないようにします。お互いに、時間には気をつけましょう。

街でみやげ物店を覗いてみやげ品をあれこれ品定めするのは一向にかまわないのですが、**万引きは絶対にいけません。いたずら心でやったとしても、万引きは重大な窃盗行為となります。**

みやげ物店へは損害を与え、学校の名誉を傷つけ、生徒個人の汚点ともなり、かつ、保護者に心配をかけるなど、いたずら心の代償は想像以上に大きいのです。

街へ出ても決められたマナーはきちんと守ろう

横一列になって道をふさぐような歩き方はやめよう

発車の時間だ！

バスの発車時刻を守ろう

先生
保護者

万引きは重大な窃盗行為

49 宿舎を出立するときはお礼の言葉を

宿舎へ到着したときに、あらかじめ調べておいた室内の破損箇所以外に、自分たちでこわしたところがないか点検します。**もしも、そのような破損箇所があったときは、ないしょですまさずに、きちんと申し出て指示を仰ぐことです。そうすれば気持ちもさっぱりします。**また、部屋にある自分たちの持ち物は、整理してまとめておき、忘れ物をしないように確認します。出発間際になって、「あれえっ、どこへいったのかなぁ」と、心配した顔はしなくてもすむように。宿舎の部屋、もしくは宿舎内に置いてある飾り物など、備品類は持ち出さないこと。宿舎では、数を揃えて配置してあるのですから、持ち出せばすぐ分かります。室長は、そのへんのことをよく調べて最後に部屋を出ます。宿舎を出るときは、お世話になった宿舎の人たちへお礼の言葉を述べてバスに乗り込むこと。

「じゃあね」とか、「バイ、バイ」という、気安い言葉ではなく、「ありがとうございました」とか、「お世話になりました」という、礼儀正しい挨拶の言葉をかえします。

集団行動は、家へ帰り着くまで終わりません。皆といっしょにいるときは、統率を乱すことなく、各自が節度を守って最後まで行動することが大切です。解散場所で別れるまでは、集団の中の一員であることを十分に自覚してほしいものです。

宿舎を出るときは気持ち良く挨拶を交わして

破損箇所があったときは、きちんと申し出て指示を仰ぐこと

自分たちの持ち物は、整理して忘れ物をしないようにしよう

宿舎にある備品類は、持ち出さない

宿舎を出るときは、お世話になった人たちへ、お礼の言葉を述べよう

50 各種行事後の自由時間のすごし方

各種行事後の自由時間といっても、遊んでばかりいてはいけません。自分で感じているよりも行事後の体は疲れています。

足の筋肉は特に疲れが溜まりやすい所ですから、できたらよくマッサージしておきたいものです。

マッサージすることで筋肉疲労を取り除くことができます。次の行事に元気いっぱいで参加できるようにするためにも、体の安全を守るためにも必要です。

体の疲れと同じく、神経も疲れています。神経の疲れは、事故につながりますので、心身の休息を心がけるようにしましょう。

疲れをとるマッサージは、

① 足の裏をよくもみほぐす。手の親指で押し、てのひらで包むようにもむ。特に、土踏まずのあたりはていねいにもみほぐす。

② 大腿部は、入浴後の体が温かいうちにてのひらでもむ。また、筋肉を手でぶるんぶるん振るわす。片手で軽く叩くのも効果がある。交互に五分間くらい続ける。

③ 首と肩の付け根、頭と首の付け根を指で押す。頭全体を指で押す運動を断続的にくりかえすのも効果がある。

以上のような、筋肉もみほぐしの運動を間断なく行うことで、行事で疲れた体をリフレッシュすることができます。遊びすぎずに、体力回復のための運動も忘れないように。

疲れた体の筋肉マッサージを十分にしよう

大腿部はてのひらでもむ
足の裏もよくもみほぐす
首と肩、頭と首の付け根を指で押す
さあ、明日もがんばるゾ！

51 体調が良くないときのすごし方

靴ずれなどの外傷も、「なあに、平気だ」と我慢しないで、救護室で処置を受けてください。小さな擦り傷から破傷風になることもあります。

どんな小さな傷でも、自分で適当に判断しないで、救護室で必要な処置を受けるのが賢明です。

特に、靴ずれした足で歩いたり、皆と同じ行動をすることは大変苦痛です。必要な処置を受けて参加するようにしましょう。

靴ずれを起こしているときの行事は、自分では頑張っているつもりでも、皆についていくのはかなり辛いはずです。そればかりか疲れも倍加します。やはり、体の故障した箇所は早く治すことです。

また、お腹が痛かったり下痢などしているときは、無理をしないで救護室で手当てを受けてください。「皆に悪いから」と、我慢して参加しても、参加途中で青い顔をして唸っているようでは、自分も辛いし皆に迷惑をかけることになるので、参加しないで休養しましょう。

その他、気分がすぐれなかったり食欲不振など、体の具合が思わしくないときは、休養を申し出て行事への参加は見合わせましょう。各種行事は、身心ともにベストの状態で参加してこそ効果を上げることができるのです。

やせ我慢をしないで、必要な手当てを受ける

ハイ、
これで大丈夫よ
どうも
ありがとう
ございます

靴ずれで足が痛いときなどは、必要な処置を受けよう

お腹が痛かったり、下痢などのときは、救護室で手当てを受けよう

52 登山中の行動（班長のリードに従う）

行動中は班長が先頭に立ってリードしますが、副班長は最後尾に着いて“しんがり”をつとめます（班長・副班長が逆になることもあります）。

班員は隊列をくずさないよう協力します。

班員の中には、登山に不慣れであったり初めて参加する人もいます。体力のペース配分が分からず、調子を乱す班員が出てくることもありますので、班長と副班長は、班員の健康状態をよくつかんでおきます。無理な頑張りは落伍につながります。初めての参加者でも、目的が完遂できるように気配りすることが大切でしょう。

もしも、トラブルがあったときは、単独行動はいけません。班長や副班長に連絡・報告します。もちろん、担当の先生にも、すぐに知らせます。

また、登山道以外の場所にむやみに立ち入ってはいけません。高山植物なども、勝手に引き抜いたりすることはやめましょう。自然環境の破壊になります。自分のゴミは、登山道に放置せず自分で持ち帰ります。もしも、紙くずや空き罐などが手近に転がっていたら、皆で拾い集めて持ち帰るようにします。

登山は、目標を達成するための自己訓練の大切な場所です。常に清浄な状態を保つように心がけます。登山訓練で重要なことは、勝手な行動をとらず、指導者（先生）や班長のリードに従うことです。

勝手な行動をとらずに班長のリードに従う

班長は先頭に立って
リードする
班員は隊列を
くずさないこと
副班長は
いちばんうしろ

登山道以外の場所へ入ったり、
植物を取ったりするのは、環境破壊になるからやめよう

53 スキーのマナー

スキー場は公共の場ですから、他人に迷惑をかけないことが大切です。従って、

① **コースの中央に立ち止まらない**

② **転倒したら周囲を確認して起き上がる**

この二つの基本原則は守ります。

他のスキーヤーと衝突したときには、自分だけさっさと起き上がって滑りださずに、相手の人に怪我がないか確認し、挨拶をしてから別れるのが大切な心がけです。リフトやケーブルを待っている列への割り込みは、マナー違反です。ちゃんと並んで乗りましょう。また、休憩中に、「なんだ、あの滑り方は」とか、「巧くないなあ」などという、他のスキーヤーのスタイルや技術をけなすような、悪しざまの批評はやめましょう。誰でも、初めから、あっと言わせるような巧い滑り方はできません。練習中の滑り方が未熟だといって、あれこれ批評するのは失礼です。コースへの案内標識や掲示板へのいたずらは、絶対にしてはなりません。パトロール員や、スキー場の従業員の指示には従います。

指導員と親しくなってもなれなれしい態度はとらず、常に敬意をもって接し、言葉遣いにも十分気をつけてください。

自分の好みで、指導員に勝手な要望をだすのも、大いに慎むべきです。

他人に迷惑をかけないようルールを守って滑る

転倒したら周囲を確認して起き上がる

コースの中央に立ち止まらない

リフトやケーブルの列に割り込まない

他のスキーヤーと衝突したときには、相手の人に怪我がないか確認して挨拶をしてから別れる

標識や掲示板にいたずらしない

他のスキーヤーのスタイルや技術をけなさない

54 社会見学は目的意識をもって見て回ろう

机に向かって教科書を開くだけが勉強ではありません。国会議事堂とか、テレビ局、新聞社、博物館や美術館など、校外で見聞を広めるための勉強もたくさんあります。

このような社会見学を、遠足と勘違いして、せっかくのチャンスを無駄にしている人を見かけますが、もったいないことです。

国会議事堂にしろ、博物館や美術館にしても、漫然と案内コースに従って見て歩くのではなく、事前の下調べをして見学すると、得るところが多くなります。

日本の政治を司る国会には、たくさんの政治家が参加してきましたが、いったいどのくらいの数の政治家が国会に出入りしたのか、国会議事堂は誰が建築設計したのかといったような、自分の興味をもてる部分を調べただけでも、ボンヤリ見学するより身についた勉強になります。博物館や美術館にしても、日本人の残してきたすぐれた遺物・芸術作品、また、好きな画家の経歴などを調べておくと、実際に見学したときの感動も一味ちがったものになります。

テレビ局の見学も、いままでは観る側にいたのですが、作る側の苦労や事情が分かってくると、テレビ番組を観る目も変わってくるでしょう。きちんとした目的をもって見学すると、得るものも多くなります。

きちんと下調べをして行くと興味をそそられる

社会見学の下調べは百科事典や ①
図書館を利用してもできるね ②
よし、明日の社会見学はとくに注意深く見てこよう
③
こうやって下調べしておけば、社会見学も、何倍もたのしめるぞ
④

55 集合場所には遅れずに集まろう

皆が集まっているのに、一人だけ遅れることのないように注意しましょう。

見学場所へは、あらかじめ所要時間を計算してゆとりを持って家を出ることが必要です。少なくとも、集合時間より十五分は早く集合場所へ着いているように心がけるべきです。

もしも、急に具合が悪くなって参加できなくなったときは、できるだけ早く担任の先生、もしくはグループのリーダーに連絡します。連絡がないと、皆が心配して予定の行動に入れなくなるし、迷惑をかけることになるからです。

当日は、すでに知らされている注意事項に従い、忘れ物はないか、身の回りを確認します。前日に準備・点検しておくと、その日の朝、出がけに慌てなくてもすみます。

服装も、制服でなくてよいという指示があっても、あんまりラフな（くだけた）服装は好ましくありません。あくまでも、中学生らしい清潔感のある服装で出かけるべきです。

わが家でリラックスするのとは違うのですから、そのへんの気配りは必要です。もちろんガムを噛んだり、見学に不必要な道具を持ちこむのは慎みましょう。

集団行動の際は、一人ひとりが決められたことをきちんと守ることが何よりも大切です。

前日にしておくと慌てずに出かけられる

明日は8時に集合だから、30分かかるとして7時には起きないとな

見学場所へは、あらかじめ所要時間を計算して、ゆとりを持って家を出よう

先生ですか実はこれこれの理由で今日は休みたいのですが……

急に具合が悪くなったら、できるだけ早く連絡しよう

よしこれで準備OK!

持ち物は前日に準備点検しておこう

おはよ～

あまりラフな(くだけた)服装はさけよう

56 目的地へ着いても勝手な行動はとらない

見学コースをはずれて、順路を逆にたどったり、皆から離れて勝手に歩き回ったりしないことです。

見学コースのマナーとルールはきちんと守りましょう。興味や関心がないからといって、見学コースをとばして先を急いだり、他の人が見ているコースを掻き分けて前に出て行くようなことは控えたいものです。

また、皆に黙って館外に出てしまったり、まったく違う建物の中へ入りこんでしまうこともルールに反します。

社会見学では、目的の物を見るだけでなく、目的物を見るためのマナーを養うことも勉強です。

そして、館内へ入ったら注意事項をよく読んで守りましょう。意外と、この注意事項が守られていないのです。学校の教室の中ではないという解放感からか、自分勝手に振る舞う人を見かけます。物事には、何事によらずマナーというものがあります。

定められたことはきちんと守り、従うべきです。それに、社会見学の場合、生徒たちだけでなく一般の人の参観もあります。その人たちの迷惑にならないよう注意しましょう。

展示品はそれぞれ由緒・由来があり、それらを落ち着いて眺めているうちに何か気づくことがあれば、社会見学のおみやげとしてはとてもよい収穫でしょう。

館内へ入ったら、注意事項をよく読んで守る

一般の参観者に迷惑にならないよう注意する

見学コースからはずれて歩き回ったりしない

注意事項をよく読んで守ろう

他の人の間に入って、前へ出るようなことは控えよう

57 展示物に触れたり、写真撮影はしない

展示物は、ケースの中に収まっているので、手で触れることはできないようになっていますが、展示物によっては、手で触れることのできる、真近に眺められるものもあります。

その場合でも、「手を触れないでください」という、注意事項がついています。

一幅の軸、一箇の壷、一枚の書が、手を伸ばせば届くところにあったとしても、決して触れてはいけません。貴重な美術品、収集品として展示されているのです。手垢が付いたり、汚損の危険を避けるために注意事項で呼びかけているのです。

ふたたび同一の展示物を作ることのできないものだけに、興味本位で触ったり指を付けたりして、展示品をたしかめるようなしぐさは絶対に避けるのがマナーです。

また、カメラを持ち込んでパチパチ写真撮影するのも違反となります。とにかく、掲示されている注意事項は守りましょう。筆記用具を使ってメモすることさえ禁じているところもあります。
見学者としては、それぞれの展示物に接して、虚心に作品と対し、その作品の心をつかむようにしたいものです。

展示物の色、形、艶、作られた年代、作者、動機など、静かに眺めていると、展示物のほうで語りかけてくるかもしれません。落ち着いて、じっくり鑑賞したいものです。

禁止事項は守る、それが見学者のマナー

展示物には絶対に手を触れない…

写真撮影はいけません

58 解説者の説明は静かに聞こう

展示物について解説してくれる人がいるときは、静かに聞きましょう。

親切に説明してくれているのですから、勝手なおしゃべりは相手に失礼です。それに、博物館や美術館には単なる説明役としてのガイドではなく、学芸員という専門家がいます。

そういう立場の人の解説は、たいへん勉強になります。

専門的な内容を分かりやすく説明してくれるだけでなく、また、質問にも答えてくれます。

「質問があったらどうぞ」と、言われたときは、「こんなことを質問したら笑われるかな」などと臆病にならず、率直に、聞きたいことを尋ねます。質問するのが礼儀と心得て下さい。

勉強するということは、知らないことを学んでいくことです。そして、知らないことは少しも恥ずかしいことではありません。

むしろ、知らないのに知ろうとする努力をしないほうが恥ずかしいのです。また、よく知りもしないのに知ったふりをするのも恥ずかしいことです。

見学コースを回って、館内より外へ出て来たとき、見学する前に比べて、少しでも何か得ることがあったら、その見学は成功であったと考えてよいでしょう。

物事は、何でも知ることから始まります。

専門家の説明は参考になるので耳を傾けよう

解説をしてくれる人の話は静かに聞こう

59 展示物に対する中傷発言はタブー

展示物を見学している最中、あるいは、見学後であっても、展示物への中傷・誹謗は絶対にいけません。

展示物に対する好みがあって、人によっては見方が大きく異なり、評価がまったく正反対に分かれることがあります。しかし、それを口に出すことはタブーです。

ましてや、「あんな作品何だ！」とか、「どこがいいんだか分かりゃしない」などと、展示物をけなす言動は慎みましょう。

展示物を展観している立場の方たちの誇りを傷つけることになるからです。

展示物によっては、絵画、彫刻、骨董品、書、あるいは古美術品の類いなど、中学生の年齢では理解できないものも含まれています。

しかし、ストレートに分からなかったという単純な動機で、「何だ、こんなもの」と、正当な評価を損ねるような言動を吐くのは避けましょう。もう少し、年齢が高くなって、社会経験を積んでくると、改めて、ほんとうのよさが分かってくることもあるのです。

展示物には、それを作った人の魂がこめられているのです。それぞれの展示物を作った人の気持ちを酌んで謙虚に接するようにするべきです。

展示物に対する勝手な品定めはしない

展示物への中傷は絶対いけません

60 見学コースに飲食物は持ち込まない

最近は、街頭や電車の中で飲食をしている人をたくさん見かけますが、社会見学のコースで飲食してはいけません。

社会見学は、遠足や、課外ピクニックではありません。教室の中では学べないことを、実地見聞することで知識を広めようとする試みです。いわば、学校での授業を校外に移したと言ってよいでしょう。

その、教育実験ともいえる場所で物を食べながら、またはジュースの罐を手にするのはもっての外です。

社会見学は遊びの気分で見て回るところではないのです。一つの展示物に出会うことで、もしかすると君たちの人生を変えてしまうかも分からない契機ともなるのです。

むしろ飲食しようとする友人を注意する姿勢が大事です。

マナーを守らないことで、躾の行き届いていない中学生たちと思われても仕方ありません。また、食べ物を持ち込むと、館内を汚す危惧もあります。館内の見学コースを清潔に保つためにも、一人ひとりが注意しましょう。

館内の雰囲気をこわさないよう気をつけよう

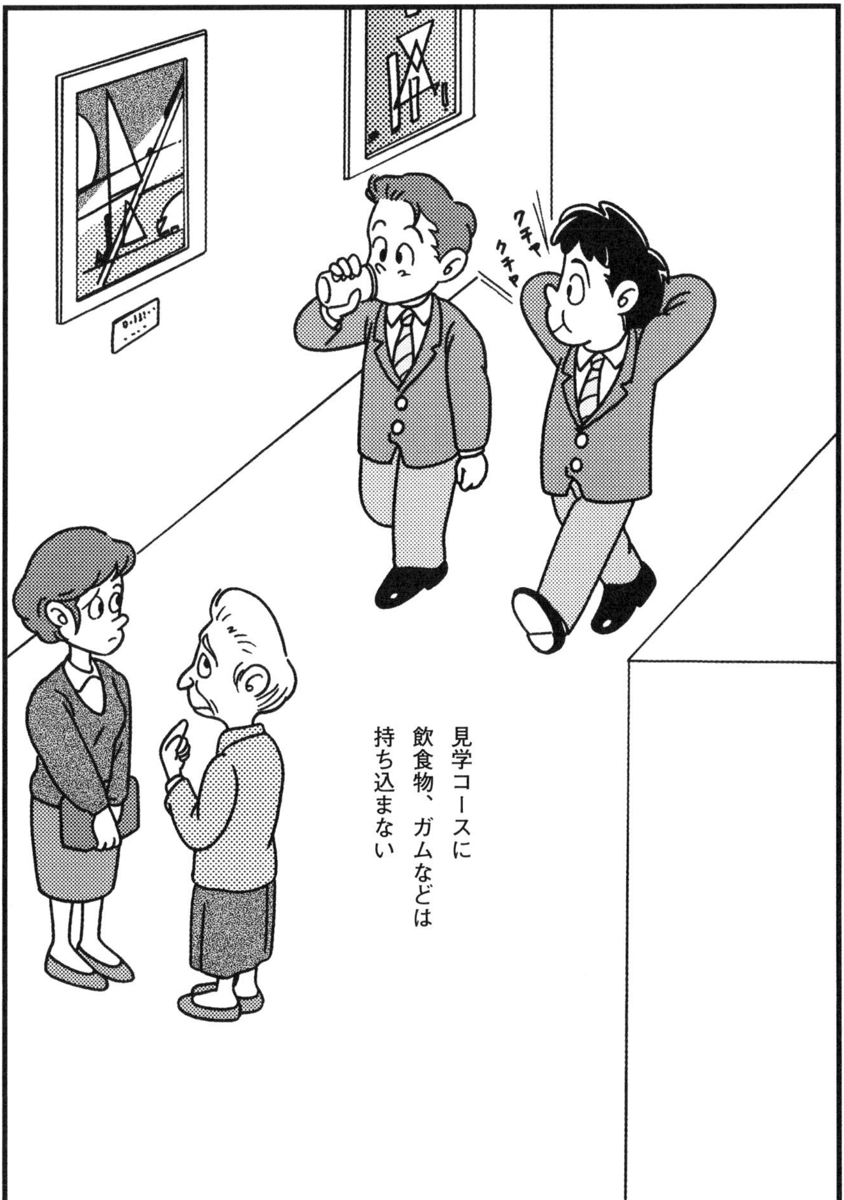
クチャ
クチャ
見学コースに
飲食物、ガムなどは
持ち込まない

61 不必要なパンフレットの多量持ち出しは厳禁

博物館、美術館、文学館など、社会見学にふさわしいところには、館内の入口に大抵パンフレットが置いてあります。

多くは「ご自由にお持ちください」と書かれています。パンフレットには、展示物の特徴や由来、目ぼしい展示物の写真などが掲載されています。参観者は、このパンフレットを読んで、展示物に対する予備的な知識を求めます。

パンフレットは、誰にでも分かるように作られていて、参観者への館内の手引き書ともなっています。

定価が付いている場合は、お金を出して買いますが、無料配付のときは自由に取ることができます。一人一部が原則で、一人でたくさんの部数を取る人がいるとは考えられませんが、必要以上のパンフレットは取らないようにしましょう。

参観者は、その日一日だけでなく、休館日を除いて毎日来ます。館側としても、一日の参観者の入場数を計算してパンフレットを作っています。

面白半分で、不必要なパンフレットを持ち出し、結局、捨ててしまうようなことはいけないことです。

パンフレットは、毎日訪れる人たちのためにあるのです。特定の中学生の社会見学のために備えられているのではないのです。必要以上に持ち出しをしてはいけません。

他の参観者の迷惑になるのでやめよう

あっ
パンフレットが
あるぞ
こんなに
あるんなら
いっぱい
もらっちゃ
おうか
君たち
ちょっと
待って!
パンフレットは
一人一部が
原則なのよ
必要以上に
取っていっても
捨てるだけで
しょ
はい!すいません

62 社会見学には真面目な態度で臨む

見学コースの順路に従って皆が熱心に見学しているときに、自分勝手に足早に見学コースを通り抜けて、出口付近で遊んでいる人は見学する資格がありません。

興味があるかないかは別にして、皆で見学に来ているのだから、皆といっしょに見て回る態度が必要です。

勝手に動き回って、しかも、まだ十分に見学の時間があるのに遊んでいるのは団体行動のマナーにいちじるしく反する行動です。

皆といっしょにじっくり見学すれば、きっと、何らかの収穫に出会うはずです。はじめから、「関心ないよ」では、スタート地点に立たないで競技を放棄するのと同じです。

仮に見学コースの内容が不向きだと思っても、我慢して見て回れば、そのときは「何だ、つまらない」という印象で終わっても、後日、見学したことが役に立つ、ということも人生にはあるのです。何でも見てやろう、何でもやってやろうという、物事に対する興味や関心は、旺盛に抱いたほうがいいのです。

知識は貪欲に吸収し、たくましく咀嚼するべきです。世の中に、不用なものはありません。

そのときには大して必要を感じず、あるいはすぐに役立たないものでも、機会を見つけ蓄積しておけばきっとプラスになります。

すぐに理解できなくても、分かるときがくる

63 大きな声のおしゃべりは雰囲気をこわす

展示物の前、または周辺で、おしゃべりすることは他の入館者の迷惑になるので慎みましょう。

実物を観ている前で率直な感想や意見を語り合うのは、たとえば、まったく周囲に参観者がいないときには何とか許されますが、同じ展示物を眺めている人がいる場合は、その人の気分をそぐことになるので遠慮するのがマナーです。

感想などは、館内を出たあと、または、館内の休憩室で、意見交換をするようにすればよいでしょう。

また、展示物とはまったく関係のない話題を声高にしゃべり合うのは、場所柄をわきまえない態度になります。

入館してくる人たちは、そこに展示されている文化的遺産ともいうべき作品群と無言の対話をしているのです。

そういう雰囲気をこわすような無神経な態度は、咎められても仕方ないでしょう。

また、うっかり気づかずおしゃべりをしていたり、その輪の中に加わっている友だちを見つけたら、われ関せずと見すごすことなく、一言注意するのが友だちとしての親切というものです。他人のことは、知らないよ、という態度で放置するのではなく、見学コースに参加しているクラスメートやその他の入館者も気持ち良く鑑賞できるように心がけましょう。

言いたい放題のおしゃべりはマナーに反する

あまり好き じゃないなあ
僕は好き だけどね

展示物の前でおしゃべりするのはマナー違反だよ

ねえねえ きのうテレビみた？
みたよ あれだろ
ねえ 君たち！

展示物とまったく関係ない話をしていたら、注意するのが友だちの親切というものだ

刊行のことば

人間と人間を結びつける力は、思いやりの心です。

相手を思いやる心さえあれば、人間関係は必ずうまくいくものです。

人を愛し、人に愛されて生きることが、生涯、最も幸せな生き方ではないでしょうか。

現代社会の一部では、利益で離合集散して人々を苦しめています。利益はその時の接着剤にすぎません。

人間にふさわしい生活を営むためには、仲間同士が、利益を抜きにして、相手を思いやる心がなければなりません。

私たちは、子どものときから、相手を思いやる心とマナーを身につけて、21世紀を生きる人々が豊かな人間関係を保てるよう祈ってこのシリーズを企画・出版いたします。

中学生のための学校生活のマナー

2011年 2 月10日　初版発行
2014年 3 月10日　改訂版発行

編　者　桐蔭学園中学校・中等教育学校
発行者　大 熊 隆 晴

発行所　開隆堂出版株式会社
〒113-8608 東京都文京区向丘 1 -13- 1
電話 03-5684-6116（編集）
http:/www.kairyudo.co.jp/
発売元　開隆館出版販売株式会社
〒113-8608 東京都文京区向丘 1 -13- 1
電話 03-5684-6118　振替 00100-0-55345
印刷所　三松堂印刷株式会社